T. Mayr, C. Kieferle, N. Schauland

liseb-2 Fortgeschrittene

Literacy- und Sprachentwicklung beobachten (bei Kleinkindern)

Beobachtungsbogen

Name des Kindes ______________________________

Geschlecht ☐ Junge ☐ Mädchen

Familiensprache des Kindes ______________________________

Nationalität des Kindes ______________________________

Name(n) der päd. Fachkraft/Fachkräfte, die den Bogen ausgefüllt hat/haben ______________________________

____

Ausgefüllt am (Datum) ______________________________

Verlag Herder

ifp staatsinstitut für frühpädagogik

Die Sprachentwicklung schreitet im Alter zwischen zwei und vier Jahren schnell voran und die individuellen Unterschiede zwischen den Sprache lernenden Kindern sind natürlicherweise sehr groß. Deshalb wurde das Beobachtungsverfahren *liseb* in zwei Bögen geteilt: *liseb-1* und *liseb-2*.

> *Liseb-2* sollten Sie zur Einschätzung der Sprach- und Literacy-Entwicklung nur dann verwenden, wenn das Kind schon Mehrwortsätze mit mindestens 3 Wörtern spricht und im Hauptsatz das gebeugte Verb überwiegend oder durchgängig an die richtige Stelle stellt, wie z.B. in
>
> [*Der Junge*] *streichelt* [*die Katze*].
>
> 1. Stelle 2. Stelle
>
> Ansonsten beobachten Sie die Sprach- und Literacy-Entwicklung mit *liseb-1*.

Liseb-2 ist ein Beobachtungsverfahren sowohl für Kinder, die nur deutschsprachig aufwachsen, als auch für Kinder, die von Geburt an mit mehreren Sprachen (z.B. Deutsch und eine Familiensprache) aufwachsen oder erst begonnen haben, die deutsche Sprache zu lernen.

Zielgruppe
Kinder im Alter von 24 bis 47 Monaten

Aufbau
Der Bogen besteht aus 4 Teilen

- Teil 1: Sprachverhalten in bestimmten sprachrelevanten Situationen (Frühstückstisch, Gesprächsrunden, Bilderbuchbetrachtung usw.)
- Teil 2: Sprachliche Kompetenz im engeren Sinn (Wortschatz, Grammatik usw.)
- Teil 3: Die Sprachen des Kindes
- Teil 4: Die Familie des Kindes

Bearbeitung

- Hauptsächlich von der Gruppenleiterin bzw. von der pädagogischen Bezugsperson, die das Kind am besten kennt
- Ergänzung durch Beobachtungen von Kolleginnen
- Manches können Sie vermutlich gleich einschätzen, wenn Sie das Kind schon häufig beobachtet haben; bei anderem ist erst eine längere Beobachtungsphase nötig.
- Für manche Einschätzungen ist es notwendig, eine Situation bewusst herbeizuführen (z.B. Erzählsituation für die Bildung von Imperfektformen).
- Bitte orientieren Sie sich beim Ankreuzen an den verbalen Abstufungen (z.B. *manchmal* oder *mühelos*), nicht an den Zahlen. Die Zahlen sind für eine mögliche Zusatzauswertung gedacht (siehe Begleitheft, Kapitel „Quantitative Auswertung anhand von ‚Dimensionen'" – Wo steht das Kind im Vergleich zu anderen Kindern?).

Schwerpunkt „Deutsch"
Der Bogen ist für deutschsprachige Erzieherinnen gedacht. Schwerpunkt ist der Umgang der Kinder mit der deutschen Sprache. Die Familiensprache („Muttersprache") ist ein wesentlicher Teil der Sprachentwicklung und kann, falls es sich nicht um Deutsch handelt, von einer deutschsprachigen Erzieherin meist nicht eingeschätzt werden. Der Bogen enthält dennoch einige Fragen dazu, als Impuls für die Beachtung dieses Bereichs.

Begleitheft
Dies sind nur Stichpunkte. Bitte lesen Sie das Begleitheft. Dort gibt es gezielte Hinweise zum Konzept, zum Einsatz, zur Auswertung (einschließlich der Möglichkeit einer quantitativen Auswertung) sowie Anhaltspunkte für die Förderung.

Bevor Sie mit dem Ausfüllen beginnen, beachten Sie bitte die Hinweise im grauen Kasten auf Seite 2!

(1) *Sprachrelevante Situationen: Aktivitäten und Kompetenzen*

A Am Frühstückstisch (Frühstück/„Brotzeit")

Bitte orientieren Sie sich beim Ankreuzen an den Häufigkeiten (z.B. „manchmal"), nicht an den Zahlen. Diese sind für eine spätere Auswertung gedacht.

		oft	*manchmal*	*selten*	*sehr selten / nie*
1	Das Kind hört aufmerksam zu bei Gesprächen	(4)	(3)	(2)	(1)
2	Das Kind verwendet Sprache, um Bedürfnisse und Wünsche auszudrücken (z.B. „*Ich will auch Tee*")	(4)	(3)	(2)	(1)
3	Das Kind spricht von sich aus mit anderen (Kindern und Erwachsenen)	(4)	(3)	(2)	(1)
4	Das Kind antwortet inhaltlich angemessen auf Fragen von anderen Kindern oder Erwachsenen (muss nicht grammatikalisch korrekt sein)	(4)	(3)	(2)	(1)
5	Das Kind versucht sich mit sprachlichen Mitteln durchzusetzen (z.B. *„Ich!", „Mein Saft!", „Das gehört dahin!"*)	(4)	(3)	(2)	(1)

Anmerkungen

B Gesprächsrunde in der Kleingruppe (z.B. Stuhlkreis)

		oft	*manchmal*	*selten*	*sehr selten / nie*
1	Das Kind erzählt gerne	(4)	(3)	(2)	(1)
2	Das Kind bringt von sich aus Beiträge und Ideen ein (sprachlich)	(4)	(3)	(2)	(1)
3	Das Kind wartet, bis es mit Reden dran ist, lässt andere ausreden, bevor es etwas selber sagt	(4)	(3)	(2)	(1)
4	Das Kind stellt passende Fragen zum jeweils aktuellen (laufenden) Thema des Gesprächs	(4)	(3)	(2)	(1)
5	Das Kind erzählt Geschichten, Erlebnisse oder Handlungen in der richtigen Reihenfolge	(4)	(3)	(2)	(1)

C Freie Spielphase

		oft	*manchmal*	*selten*	*sehr selten / nie*
1	Das Kind zeigt Freude am Sprechen	(4)	(3)	(2)	(1)
2	Das Kind wird von sich aus sprachlich aktiv, erzählt	(4)	(3)	(2)	(1)
3	Das Kind spricht andere Kinder an, setzt Sprache ein, um mit ihnen Kontakt aufzunehmen (es gelten auch Einwortsätze wie z.B. *„Spielen?", „Komm!", „Mit!"*)	(4)	(3)	(2)	(1)

4 Das Kind kann widersprechen, wenn ihm etwas nicht passt (z.B. *„Selber!", „Nein!", „Das kann ich alleine!"*)

(4) trifft völlig zu (3) trifft teilweise zu (2) trifft etwas zu (1) trifft gar nicht zu

D Einzelgespräche mit pädagogischen Bezugspersonen (Einzelgespräche, die mit dem Kind geführt werden)

Bitte orientieren Sie sich beim Ankreuzen an den Häufigkeiten (z.B. „manchmal"), nicht an den Zahlen. Diese sind für eine spätere Auswertung gedacht.

		oft	*manchmal*	*selten*	*sehr selten / nie*
1	Das Kind hört aufmerksam zu, wenn wir mit ihm sprechen	4	3	2	1
2	Das Kind spricht uns an, setzt Sprache ein, um mit uns Kontakt aufzunehmen	4	3	2	1
3	Das Kind stellt von sich aus Fragen, will etwas von uns wissen	4	3	2	1
4	Das Kind erzählt uns von sich aus	4	3	2	1

Anmerkungen

E Umgang mit Büchern

		oft	*manchmal*	*selten*	*sehr selten / nie*
1	Das Kind sucht sich selbstständig ein Bilderbuch aus ◯ diese Möglichkeit gibt es bei uns nicht	4	3	2	1
2	Das Kind beteiligt sich sprachlich bei der Bilderbuchbetrachtung	4	3	2	1
3	Das Kind zeigt auf einzelne Dinge/Personen im Buch und benennt sie (muss nicht korrekt sein, z.B. *„gaga"* für Huhn)	4	3	2	1
4	Das Kind blättert langsam, schaut sich einzelne Bilder an	4	3	2	1
5	Das Kind spricht über die Bilder mit sich selbst	4	3	2	1
6	Das Kind spricht über die Bilder mit anderen Kindern	4	3	2	1
7	Das Kind bittet, dass ihm etwas vorgelesen wird	4	3	2	1
8	Das Kind ist beim Vorlesen/freien Erzählen von Bilderbüchern aufmerksam	4	3	2	1
9	Das Kind „liest" laut einem anderen Kind/dem Kuscheltier vor	4	3	2	1
10	Das Kind stellt einen Bezug zwischen Geschichten und eigenen Erlebnissen her	4	3	2	1

F Geschichten erzählen in der Kleingruppe

1 Das Kind hört aufmerksam zu bei einer kurzen Erzählung, die veranschaulicht wird (z.B. durch Bilder/Gegenstände)
(4) oft (3) manchmal (2) selten (1) sehr selten/nie

2 Das Kind hört aufmerksam zu bei einer kurzen Geschichte, die nur erzählt wird (ohne Buch/Bilder/Objekte)
(4) oft (3) manchmal (2) selten (1) sehr selten/nie

3 Das Kind kann eine einfache Geschichte nacherzählen, wenn die Erzieherin es unterstützt (durch Fragen/Nachfragen oder andere Hilfestellungen)
(4) mühelos (3) mit etwas Mühe (2) mit großer Mühe (1) gar nicht

4 Das Kind kann eine einfache Geschichte nacherzählen, wenn die Erzieherin es nicht unterstützt
(4) mühelos (3) mit etwas Mühe (2) mit großer Mühe (1) gar nicht

5 Das Kind kann Ideen/Vermutungen entwickeln, wie eine Geschichte weitergehen könnte
(4) mühelos (3) mit etwas Mühe (2) mit großer Mühe (1) gar nicht

6 Das Kind findet Ersatzwörter/Umschreibungen, wenn es nicht verstanden wird
(4) immer (3) meistens (2) selten (1) nie

Bitte orientieren Sie sich beim Ankreuzen an den Häufigkeiten (z.B. „manchmal"), nicht an den Zahlen. Diese sind für eine spätere Auswertung gedacht.

Anmerkungen

G Reime – Sprachspiele – Fantasiewörter

		oft	*manchmal*	*selten*	*sehr selten / nie*
1	Das Kind spricht/singt bei Finger- und Sprachspielen mit, beteiligt sich sprachlich an Reimen und Sprachspielen	(4)	(3)	(2)	(1)
2	Das Kind ahmt Tierlaute bei Singspielen (z.B. „*Ich bin ein kleiner Esel ...*") oder beim Anschauen von Büchern nach (z.B. „*miau*", „*i-a*", „*oing-oing*", „*ssss*")	(4)	(3)	(2)	(1)
3	Das Kind singt ein ihm bekanntes Kinderlied spontan für sich allein	(4)	(3)	(2)	(1)
4	Das Kind sagt einen kurzen Vers auf (z.B. „*Morgens früh um sechs kommt die kleine Hex*")	(4)	(3)	(2)	(1)
5	Das Kind bildet von sich aus spontan Reime (z.B. „*Kind – Wind – sind*", „*summ – rumbumm*")	(4)	(3)	(2)	(1)

H Interesse an Schrift

		oft	*manchmal*	*selten*	*sehr selten / nie*
1	Das Kind versieht Bilder, die es malt, mit Kritzelschrift	(4)	(3)	(2)	(1)
2	Das Kind kritzelt (z.B. den eigenen Namen, einen Brief, Einkaufsliste)	(4)	(3)	(2)	(1)
3	Das Kind versucht Stifte wie Erwachsene beim Schreiben zu bewegen	(4)	(3)	(2)	(1)
4	Das Kind malt von sich aus buchstabenähnliche Formen	(4)	(3)	(2)	(1)
5	Das Kind malt Buchstaben	(4)	(3)	(2)	(1)
6	Das Kind benennt einzelne Buchstaben von sich aus	(4)	(3)	(2)	(1)
7	Das Kind möchte die Bedeutung von Buchstaben wissen (z.B. zeigt auf Buchstaben und fragt nach)	(4)	(3)	(2)	(1)
8	Das Kind experimentiert mit Schreibmaterialien (auch Stempel, Magnetbuchstaben usw.)	(4)	(3)	(2)	(1)

9 Das Kind kann Buchstaben richtig zeigen, wenn es danach gefragt wird
(4) viele (3) einige (2) wenige (1) gar keine

(2) *Sprachkompetenz im engeren Sinne*

I Passiver und aktiver Wortschatz

1 Das Kind versteht einfache Anweisungen (z.B. streckt den Fuß entgegen, wenn man es darum bittet)
(4) mühelos (3) mit etwas Mühe (2) mit großer Mühe (1) gar nicht

2 Das Kind versteht Gegensätze (z.B. *groß – klein, schwer – leicht, dick – dünn*)
(4) mühelos (3) mit etwas Mühe (2) mit großer Mühe (1) gar nicht

3 Das Kind versteht die Bedeutung von Präpositionen, die den Ort angeben (z.B. *in, auf, unter, an)*
(4) mühelos (3) mit etwas Mühe (2) mit großer Mühe (1) gar nicht

4 Das Kind kann Personen und vertraute Alltagsgegenstände benennen (z.B. *Oma, Hase, Auto*)
(4) viele (3) einige (2) wenige (1) gar keine

5 Das Kind kann Körperteile benennen (z.B. *Hand, Bauch, Nase usw.*)
(4) viele (3) einige (2) wenige (1) gar keine

6 Das Kind verwendet verschiedene Verben (z.B. *essen, geben, spielen*)
(4) viele (3) einige (2) wenige (1) gar keine

7 Das Kind verwendet verschiedene Adjektive (z.B. *lieb, rot, gut*)
(4) viele (3) einige (2) wenige (1) gar keine

8 Das Kind verwendet verschiedene Präpositionen (z.B. *in, an, aus, auf, durch, zum, mit*)
(4) viele (3) einige (2) wenige (1) gar keine

J Grammatik

1 Das Kind spricht vorwiegend
- ◯ in Einwortsätzen (z.B. „*Ball!*“, „*Tee!*“)
- ◯ in Zweiwortsätzen (z.B. „*Lena auch*“, „*Ball weg*“, „*Lisa nicht*“, „*Papa Auto*“, „*Hose aus*“)
- ◯ in Dreiwortsätzen (z.B. „*Da Kühe drin*“, „*Mama Auto malen*“, „*Lisa auch Tee*“)
- ◯ in Mehrwortsätzen mit mehr als 3 Wörtern (z.B. „*Papa macht auch ein(en) Kuchen*“)

2 Das Kind stellt das gebeugte Verb im Hauptsatz (aus mindestens 3 Wörtern) an die zweite Stelle
(z.B. „*Ich hab Durst*“, „*Du spielst auch Lego*“, „*Die Kinder essen Eis*“, „*Heute ist es schön*“)
◯ durchgängig richtig ◯ überwiegend richtig ◯ teilweise richtig ◯ kaum/gar nicht richtig

WICHTIG!

Liseb-2 sollten Sie zur Einschätzung der Sprach- und Literacy-Entwicklung nur dann verwenden, wenn das Kind schon Mehrwortsätze mit mindestens 3 Wörtern spricht und im Hauptsatz das gebeugte Verb überwiegend oder durchgängig an die richtige Stelle stellt, wie z.B. in

[*Der Junge*] *streichelt* [*die Katze*].

Ansonsten beobachten Sie die Sprach- und Literacy-Entwicklung mit *liseb-1*.

3 **Grammatisches Geschlecht**

Das Kind verwendet das richtige Geschlecht (z.B. *die Blume* und nicht: *der Blume*)

(4) oft (3) manchmal (2) selten (1) sehr selten/nie

4 **Artikel**

Das Kind verwendet Artikel (z.B. *„Ich krieg eine Puppe“*, *„Die Sonne ist hinter dem Berg“*)

(4) oft (3) manchmal (2) selten (1) sehr selten/nie

5 **Vergangenheit: Perfekt**

Das Kind bildet Perfektformen (z.B. *„er hat gesagt“*, *„sie hat gegessen“*, *„Maxi ist gekommen“*)

(5) durchgängig richtig (4) überwiegend richtig (3) teilweise richtig (2) kaum/gar nicht richtig

(1) bildet noch keine Perfektformen

6 **Vergangenheit: Imperfekt**

Das Kind bildet Imperfektformen (z.B. *„Das Kind ging heim, dann lief er weg“*)

(5) durchgängig richtig (4) überwiegend richtig (3) teilweise richtig (2) kaum/gar nicht richtig

(1) bildet noch keine Imperfektformen

Diese Vergangenheitsform ist in der Alltagssprache vor allem im süddeutschen Raum relativ selten: Wenn Kinder ihre vergangenen Erlebnisse erzählen, benutzen sie meist die Perfektform (*„Der Papa hat gesagt …“*). Um dennoch einzuschätzen, ob ein Kind die Imperfektform (z.B. *sagte*) kennt und bilden kann, empfiehlt sich z.B. Kindern ein Märchen vorzulesen und dieses nacherzählen zu lassen: *„Und der König sagte zu seiner Tochter …“*, *„Da fragte der Bär …“*, *„Und dann gingen sie in den Wald …“*

7 **Fälle: Wen-Fall (Akkusativ)**

Das Kind bildet den Akkusativ (einschließlich Artikel/Adjektive)

(5) durchgängig richtig (4) überwiegend richtig (3) teilweise richtig (2) kaum/gar nicht richtig

(1) bildet noch keinen Wen-Fall

Die Bildung des Akkusativs lässt sich gut beobachten bei Fragen (z.B. *„Was hast du heute zum Essen dabei?“* *„Einen großen Apfel“*, *„Ein Brot“*, oder bei dem Spiel *„Ich packe meinen Koffer und nehme mit: eine Hose, den roten Ball …“*)

8 **Fälle: Wem-Fall (Dativ)**

Das Kind bildet den Dativ (einschließlich Artikel/Adjektive)

(5) durchgängig richtig (4) überwiegend richtig (3) teilweise richtig (2) kaum/gar nicht richtig

(1) bildet noch keinen Wem-Fall

Die Bildung des Dativs lässt sich gut beobachten bei Schenk-Spielen (z.B. Das Kind kann verschiedenen Tieren Obst schenken: *„Den Apfel gebe ich dem Affen“*)

9 **Modal- und Hilfsverben**

Das Kind verwendet Konstruktionen mit Modal- und Hauptverb, Sätze mit *wollen, mögen, müssen, können, dürfen* mit anschließendem Hauptverb (z.B. *„Ich will spielen“*, *„Ich darf das machen“*, *„Du sollst kommen“*)

(4) oft (3) manchmal (2) selten (1) sehr selten/nie

10 **Satzklammer**

Das Kind bildet eine „Satzklammer“, d.h. zwischen zwei Verbteilen stehen auch noch andere Wörter (z.B. *„Ich habe gestern Nudeln gegessen“*, *„Ich will auch Lego spielen“*, *„Ich mache das jetzt auf“* und nicht: *„Ich aufmach das jetzt“*)

(4) durchgängig (3) überwiegend (2) teilweise (1) kaum/gar nicht

11 **Satzteile mit Präpositionen**

Das Kind wendet Präpositionen im Satz korrekt an (z.B. *in, auf, aus, an, über, unter*)
(wichtig: es geht nicht um *oben, unten, hinten, vorne*)

(5) durchgängig richtig (4) überwiegend richtig (3) teilweise richtig (2) kaum/gar nicht richtig

(1) bildet noch keine Satzteile mit Präpositionen

Präpositionen lassen sich gut bei einem Versteckspiel überprüfen (z.B. mit einem Teddy: *„Der Teddy liegt unter dem Tisch, auf dem Kissen, hinter der Tür“*)

12 **Nebensätze**

Das Kind bildet Nebensätze mit z.B. *weil, dass, ob, wenn* usw.
(z.B. *„Wenn ich mal groß bin, dann …“*, *„Die Anna hat gesagt, dass ich das darf“*)

(4) oft (3) manchmal (2) selten (1) sehr selten/nie

13 **Verbstellung im Nebensatz**

Wenn das Kind einen Nebensatz mit z.B. *weil, dass, ob, wenn* usw. bildet, dann steht das gebeugte Verb am Satzende (z.B. „*Ich glaube, dass die Ente schwimmt*", „*Ich freue mich, wenn ich Geburtstag habe*")

(5) durchgängig (4) überwiegend (3) teilweise (2) kaum/gar nicht

(1) bildet noch keine Nebensätze

Wenn das Kind mit einer oder mehreren nicht deutschen Familiensprache/n aufwächst, beantworten Sie bitte zusätzlich die folgenden Fragen **K** bis **N** !

Bei einsprachig deutsch aufwachsenden Kindern können Sie die Fragen zu **N** „Die Familie in ihrer Beziehung zur Einrichtung" beantworten und mit ihren eigenen Beschreibungen und Anmerkungen fortfahren.

(3) *Die Sprachen des Kindes*

K Die Familiensprache des Kindes

	Das Kind ...	*oft*	*manchmal*	*selten*	*sehr selten / nie*
1	benutzt Familiensprache in der Einrichtung	◯	◯	◯	◯
2	unterhält sich mit Kindern aus der gleichen Sprachgruppe in seiner Familiensprache	◯	◯	◯	◯
3	holt sich bei Ausdrucksnot Hilfe bei anderen Sprechern (Kindern) der gleichen Sprachgruppe	◯	◯	◯	◯
4	hört aufmerksam zu bei Gesprächen von anderen Kindern in seiner Familiensprache	◯	◯	◯	◯
5	beteiligt sich aktiv an Gesprächen von anderen Kindern in seiner Familiensprache	◯	◯	◯	◯
6	sitzt vor allem bei Kindern aus derselben Sprachgruppe (Familiensprache)	◯	◯	◯	◯

7 Wenn das Kind von Verwandten/Bekannten in seiner Familiensprache angesprochen wird (z.B. beim Abholen), habe ich beobachtet: Das Kind antwortet

◯ meistens in der Familiensprache ◯ teils/teils (Familiensprache/Deutsch)

◯ meistens auf Deutsch

8 Bei pädagogischen Gruppenaktivitäten, bei denen seine Familiensprache vorkommt (z.B. Lied, mehrsprachige Begrüßung), habe ich beobachtet: Das Kind

◯ spricht gerne/zeigt, was es kann

◯ macht mit ◯ beteiligt sich zögerlich

◯ reagiert nicht ◯ zieht sich zurück

◯ es gibt keine solchen pädagogischen Aktivitäten

9 Das Kind benutzt Deutsch und die Familiensprache innerhalb von einer Äußerung

◯ nein ◯ ja

wenn ja ◯ vor allem mit Gesprächspartnern, die beide Sprachen können

◯ auch bei Gesprächspartnern, die nur deutsch sprechen

10 Das Kind kann, wenn es die Situation erfordert, von einer Sprache in die andere umschalten

(Beispiel: Das Kind spricht gerade mit italienischen Kindern Italienisch und es kommen deutsche Kinder hinzu, dann schaltet es um und spricht mit den deutschen Kindern Deutsch)

Nach meinen Beobachtungen gelingt das dem Kind

◯ mühelos ◯ mit Mühe ◯ gar nicht

11 Das Kind betätigt sich als „Mittler" zwischen den Sprachen

(z.B. wenn ein anderes Kind kein Deutsch versteht, erklärt es in der Familiensprache, oder wenn Kinder sich untereinander in der Familiensprache unterhalten, und ich wissen möchte, worum es ging)

Nach meinen Beobachtungen tut es das

◯ sehr bereitwillig ◯ bereitwillig ◯ nicht so gern

◯ ungern ◯ gar nicht ◯ diese Situation gibt es nicht

L Kontakt mit der deutschen Sprache

1 Seit wie vielen Monaten hat das Kind Kontakt zur deutschen Sprache? ______ Monate

2 In welchem Alter hat das Kind begonnen, Deutsch zu sprechen? Mit ______ Monaten

3 Wie viele Kinder in der Gruppe/Einrichtung sind mehrsprachig? ______ Kinder

4 Wie viele Stunden am Tag kommuniziert das Kind in seiner Erstsprache? (in der Familienumgebung und in der Kita-Umgebung)

◯ 1–2 Stunden ◯ 4–6 Stunden ◯ mehr als 6 Stunden

5 Das Kind besucht die Einrichtung seit ____________ Monat(en)

6 Das Kind besucht die Einrichtung pro Tag durchschnittlich

◯ bis zu 4 Stunden ◯ 5–6 Stunden ◯ 7–8 Stunden ◯ mehr als 8 Stunden

7 ◯ Das Kind ist öfter/längere Zeit nicht in der Einrichtung (z.B. krank, im Ausland usw.)

(4) *Die Familie des Kindes*

M Sprachpraxis in der Familie

1 Hat das Kind ältere Geschwister, die relativ gut Deutsch sprechen?
◯ nein ◯ ja ◯ weiß ich nicht

2 Das Kind lebt
◯ in einer Umgebung, in der viele Landsleute und/oder andere Migrantenfamilien wohnen
◯ in einer Umgebung, in der auch viele deutsche Familien wohnen
◯ weiß ich nicht

3 Mutter lebt in Deutschland seit ______ Jahren Herkunftsland ______________

Vater lebt in Deutschland seit ______ Jahren Herkunftsland ______________

4 Welche Sprache(n) sprechen Eltern überwiegend mit dem Kind?

Mutter: ______________________________

Vater: ______________________________

Geschwister: ______________________________

5 Deutschkenntnisse der Eltern (nach meiner Einschätzung)

Mutter:	◯ gut	◯ mittel	◯ gering	◯ keine
Vater:	◯ gut	◯ mittel	◯ gering	◯ keine
Geschwister:	◯ gut	◯ mittel	◯ gering	◯ keine

N Die Familie in ihrer Beziehung zur Einrichtung

1 Ich sehe Vater/Mutter
◯ oft ◯ manchmal ◯ selten ◯ nie

2 Vater und Mutter erkundigen sich nach dem Geschehen in der Einrichtung
◯ oft ◯ manchmal ◯ selten ◯ nie

3 Vater/Mutter kommen zu Veranstaltungen in der Einrichtung
◯ oft ◯ manchmal ◯ selten ◯ nie

4 Es gab/gibt Gespräche mit Vater/Mutter über Erziehungsfragen oder über das Kind
◯ oft ◯ manchmal ◯ selten ◯ nie

5 Vater/Mutter haben Ängste/Befürchtungen
◯ nie
◯ ja, welche? ______________________________

Eigene Beschreibungen und Anmerkungen

Weiteres Vorgehen

Welche Konsequenzen ziehe ich aus meinen Beobachtungen und wie geht es weiter (Termine, Arbeitsschritte, Ergebnisse)?

Datum	Arbeitsschritte/Ergebnisse

liseb-2 Fortgeschrittene

Literacy- und Sprachentwicklung beobachten (bei Kleinkindern)

Die Entwicklung von *liseb* wurde gefördert mit Mitteln des
Bayerischen Staatsministerium
für Arbeit und Soziales, Familie und Integration

www.herder.de
Design: fsg3 München, www.fsg3.de
Herstellung: Himmer AG, Augsburg 2014
Gedruckt auf 100% Recyclingpapier
Printed in Germany

ISBN 978-3-451-32827-5

ISBN 978-3-451-32827-5
9 783451 328275
www.herder.de